¿VAMOS AL MUSEO?

¡AL MUSEO DE ARTE MODERNO!

# LOS MUSEOS son

lugares donde se guardan y muestran las obras de arte más valiosas e interesantes para conservarlas. Están abiertos al público para que todos podamos contemplar estas obras.

Nuestro museo es **un gran laberinto** lleno de escaleras, galerías y pasillos. Hay muchas salas donde se ordenan las obras según los artistas o los estilos.

## ¡Es fácil perderse!

Pues sí, hoy vamos de visita a un museo, **un museo de arte moderno.**

# ¿Y qué es el ARTE MODERNO?

Antiguamente, los artistas intentaban representar las cosas que veían con la máxima fidelidad, tal como eran. Se podría decir que fotografiaban con pinceles y escoplos, no con cámaras.

Pero hará unos 150 años, un grupo de artistas empezó a pintar y esculpir de otra manera, sin querer copiar la realidad. **El arte cambió. ¡Nacía el arte moderno!**

**Visitar un museo de arte moderno** es muy divertido porque te encuentras esculturas que cuelgan del techo, o figuras que se mueven y hacen ruido, o bien obras pintadas con las manos o a brochazos.

En nuestro museo hallarás obras inspiradas en los grandes **maestros del arte moderno.** Ahora te presentaremos a algunos de ellos.

# ~IMPRESIONISMO~

Los pintores impresionistas querían mostrar **el efecto de la luz sobre la naturaleza** representando las **«impresiones»** que notaban. Pintaban paisajes con **colores puros** y sin utilizar el color negro para las sombras. Les gustaba mucho trabajar **al aire libre** con sus lienzos y paletas.

## Claude MONET

pintaba el mismo paisaje a distintas horas del día para captar los efectos cambiantes de la luz.

## Edgar DEGAS

no salía al campo o a la calle como sus compañeros. Le gustaba pintar bailarinas mientras ensayaban.

También había **pintoras impresionistas.**

## Mary CASSATT

pintaba sobre todo retratos de mujeres con sus niños en escenas de la vida cotidiana.

...y con ellos, ¡muchas y muchos más!

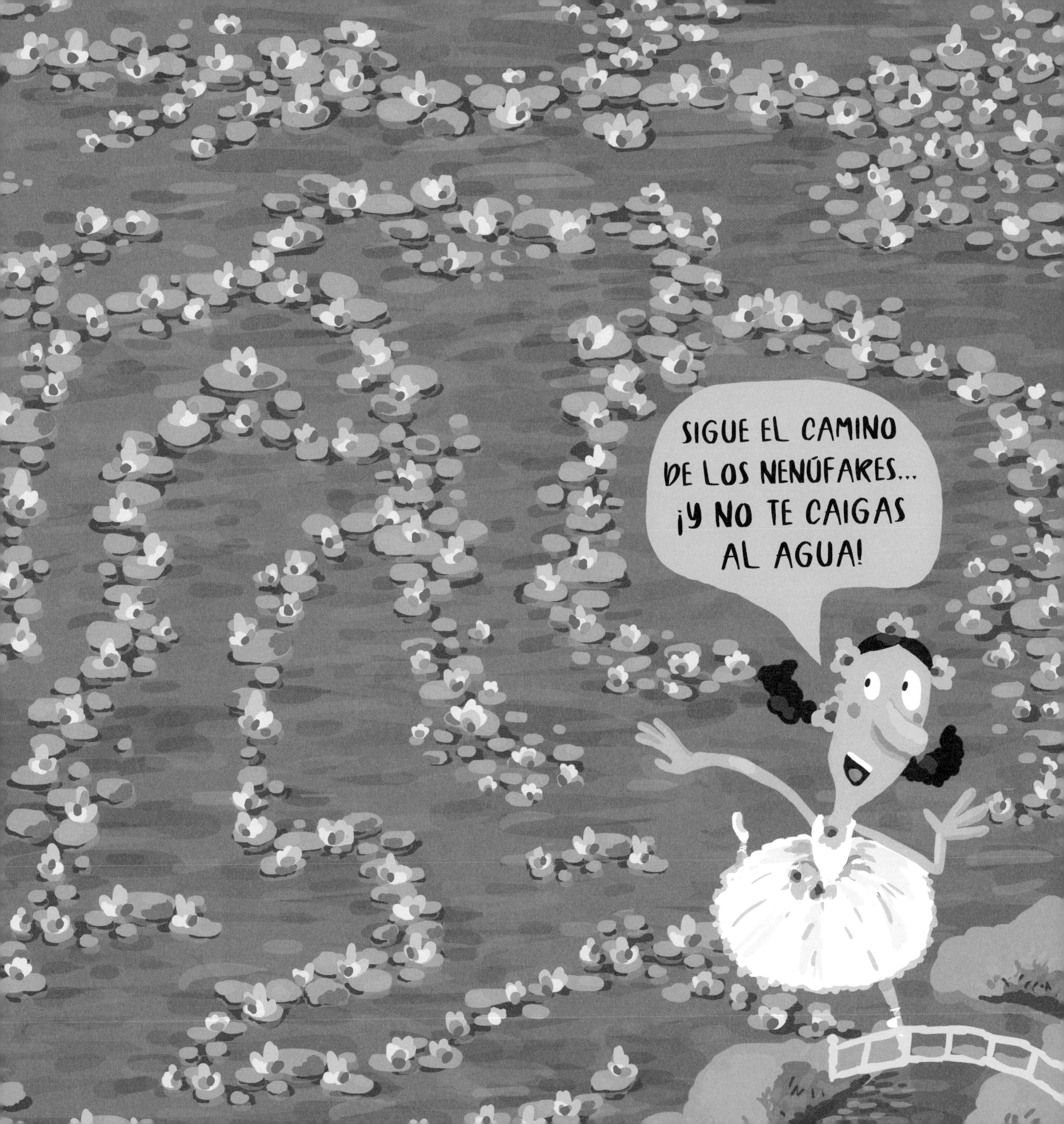
SIGUE EL CAMINO DE LOS NENÚFARES... ¡Y NO TE CAIGAS AL AGUA!

# ~POSIMPRESIONISMO~

Como los pintores impresionistas, los posimpresionistas pintaban **escenas alegres y animadas** con **colores muy vivos.** Cada artista tenía un **estilo propio** que lo distinguía de los demás.

## Paul CÉZANNE

representaba las cosas simplificando sus formas a través de cubos, cilindros y otras figuras geométricas.

## Georges SEURAT

pintaba miles de puntos que juntos daban forma y color a las cosas. Sus cuadros son muy fáciles de reconocer porque están llenos de puntitos. A esta manera de pintar se la llamó **puntillismo.**

## Vincent van GOGH

pintaba paisajes, retratos y flores usando un estilo muy personal basado en cortas y gruesas pinceladas de colores brillantes.

## Paul GAUGUIN

se fue a vivir a Tahití y retrató a muchas mujeres de esa isla del Pacífico sentadas en el campo o en la playa con sus trajes tradicionales y flores en el pelo. Sus colores también eran alegres y vivos.

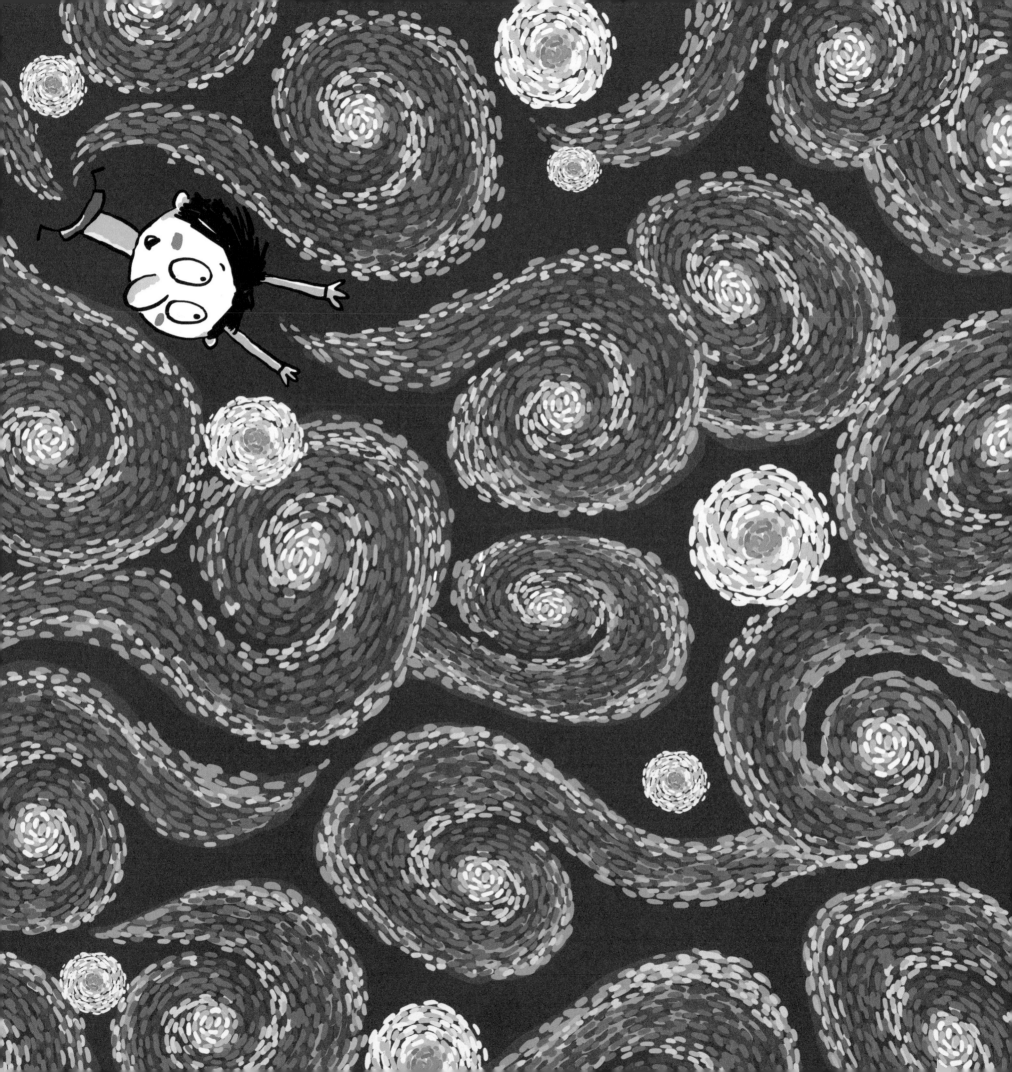

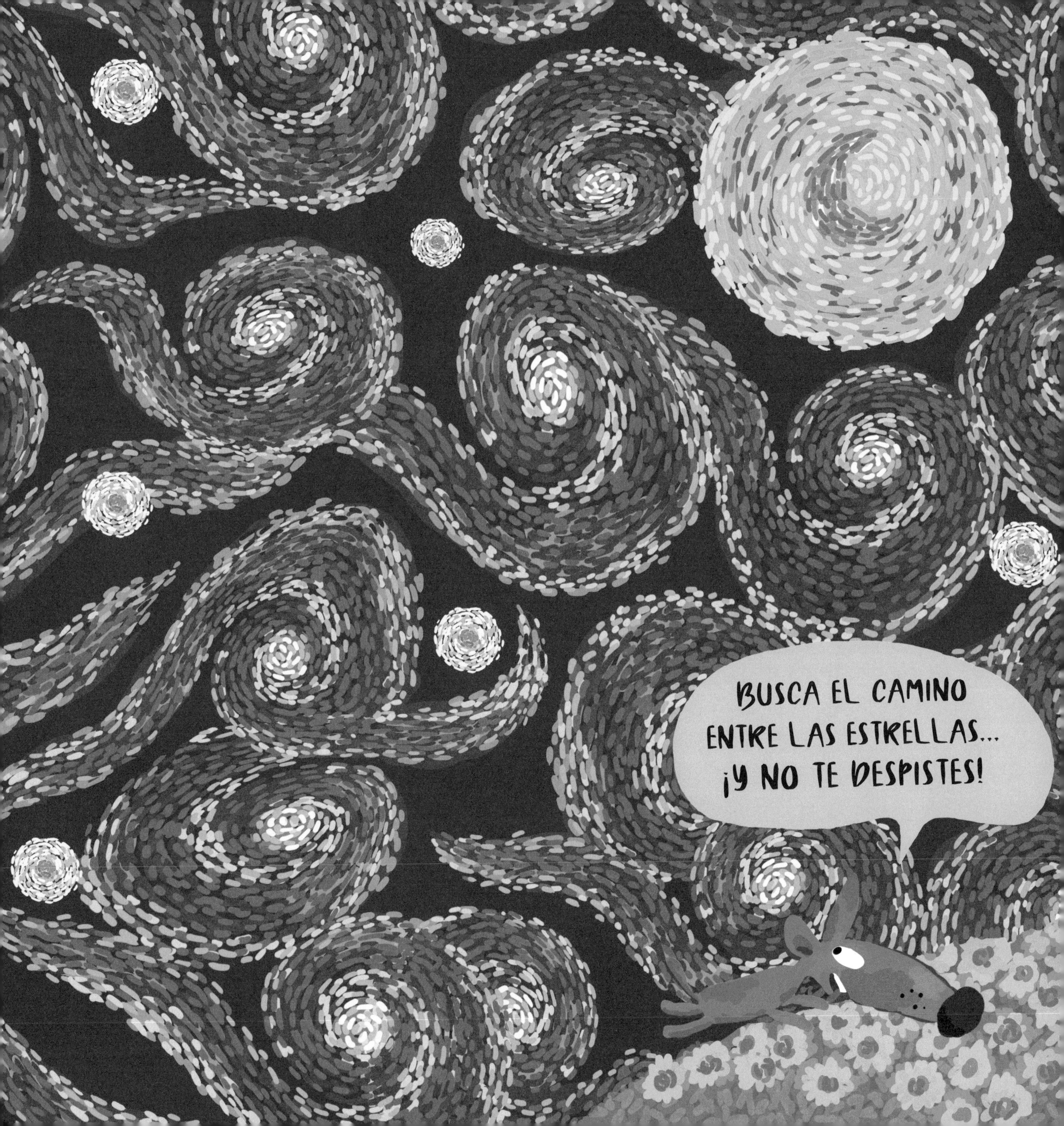
BUSCA EL CAMINO ENTRE LAS ESTRELLAS... ¡Y NO TE DESPISTES!

# ~EXPRESIONISMO~

Los artistas expresionistas querían **mostrar sus sentimientos** en cuadros o esculturas. Usaban **colores más oscuros** y **formas más agresivas,** como si estuvieran enfadados. Sus cuadros son a veces muy tristes.

## Edvard MUNCH

pintó *El grito,* un cuadro muy famoso donde una persona grita desesperadamente por algo que no sabemos.

## Paula MODERSOHN-BECKER

fue una pionera del expresionismo. Aunque murió joven, dejó una obra muy original.

# ~FAUVISMO~

*Fauvismo* es una expresión que proviene de la palabra francesa *fauve,* que quiere decir 'fiera'. Estos artistas eran unas «fieras» que **pintaban de una manera libre y salvaje,** con manchas de **colores brillantes.**

## Henri MATISSE

pintó muchos cuadros de bailarines, mujeres, paisajes y habitaciones con grandes ventanas. Al final de su vida realizó unas obras muy curiosas con papeles de colores recortados y pegados.

## André DERAIN

viajó al sur de Francia para pintar paisajes en los que representaba la luz del lugar con colores muy intensos.

¡TACHÁN!

# ~CUBISMO~

Los cubistas pintaban la realidad mostrando objetos y personas desde **distintos ángulos al mismo tiempo.**

## Pablo PICASSO

comenzó a pintar cuadros cubistas cuando ya había trabajado en otros estilos. Siempre estaba buscando nuevos caminos para su pintura. Fue uno de los primeros en utilizar la técnica del *collage*.

## Georges BRAQUE

fue el otro gran experimentador del cubismo, siempre con elegancia y equilibrio de composición, atributos que caracterizan toda su obra.

## Liubov POPOVA

artista rusa, era tan atrevida como Picasso. Pintó bodegones y paisajes y diseñó vestidos, cerámicas y escenografías en un estilo cubista muy personal.

## Constantin BRANCUSI

era escultor y fotógrafo. En sus esculturas aplicaba la técnica cubista de representar las cosas desde varios puntos de vista.

# ~SURREALISMO~

Los pintores surrealistas pensaban que había que **dejar volar la imaginación:** por eso intentaban **pintar los sueños.** En sus obras aparecen **imágenes que nunca veríamos** si estuviéramos despiertos.

## Joan MIRÓ

pintaba pájaros, ojos, mujeres y el cielo con sus estrellas y planetas. Usaba muy pocos colores, casi siempre el amarillo, el rojo, el azul y el negro.

## Paul KLEE

llenaba sus cuadros con seres fantásticos y ciudades laberínticas usando figuras geométricas y gamas de colores muy armoniosas.

## Leonora CARRINGTON

era pintora y escultora. Le gustaba pintar escenas fantásticas o mágicas, algunas sacadas de cuentos de hadas.

## René MAGRITTE

pintaba situaciones sorprendentes a partir de personas y objetos representados con mucho realismo. En sus cuadros podemos ver, por ejemplo, una gran manzana flotando en el aire o a un hombre con sombrero, pero sin cara.

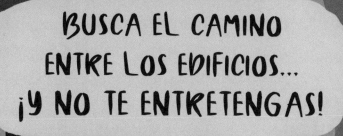

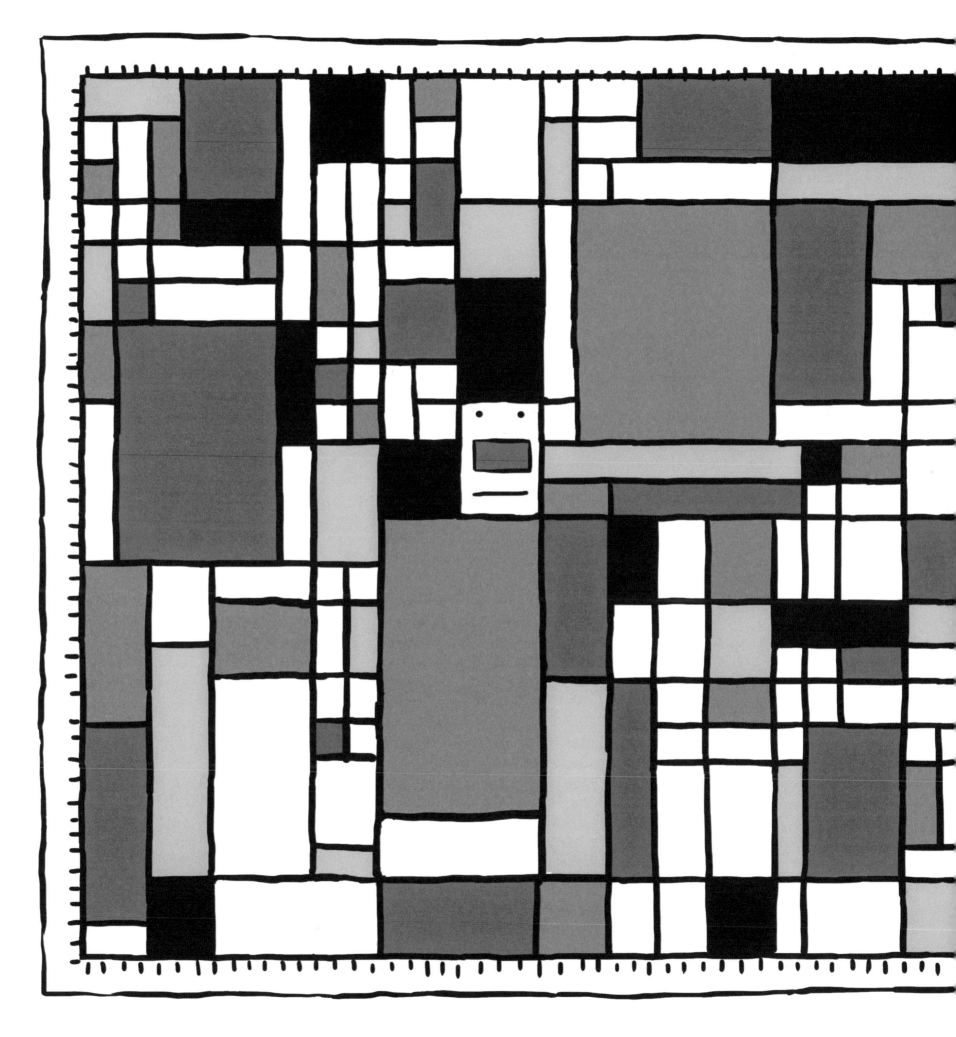

# ~ARTE ABSTRACTO~

Los artistas abstractos no representan las cosas que vemos en la realidad, sino las **imágenes que ellos inventan** utilizando **puntos, líneas y manchas.** En sus obras no podremos reconocer **ningún elemento real.**

## Piet MONDRIAN

creaba cuadrículas con líneas negras y coloreaba el interior de los recuadros que se formaban. Usaba solo los colores primarios (azul, rojo y amarillo) y los «anticolores» (blanco, negro y gris).

## Wassily KANDINSKY

intentaba representar el movimiento de la vida y la emoción de la música con colores, figuras geométricas, trazos y manchas.

## Jackson POLLOCK

inventó una técnica artística llamada *dripping*. Consiste en salpicar una tela extendida en el suelo con gotas y regueros de pintura. En esas obras nos comunicaba sus sentimientos.

## Sonia DELAUNAY

usaba círculos y líneas curvas para crear cuadros de muchos colores que parecían girar.

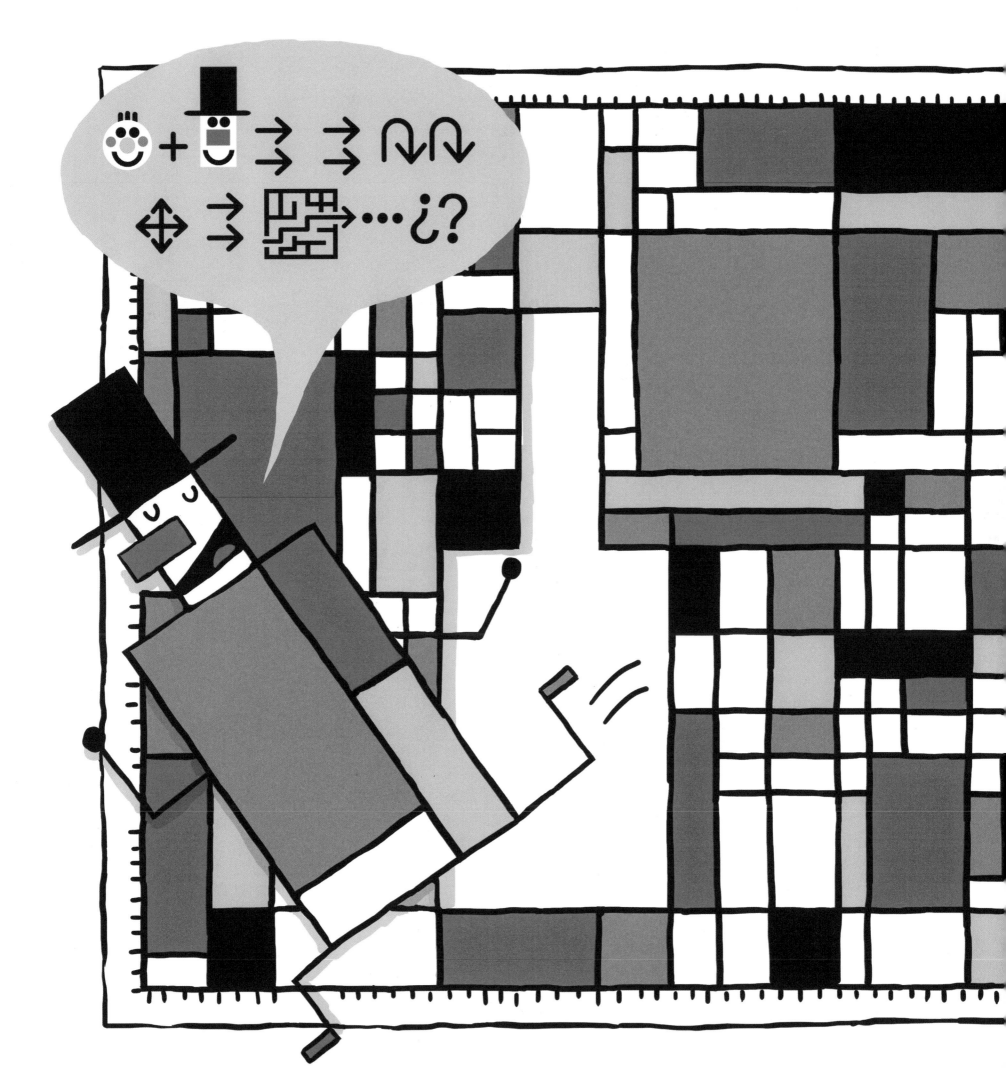

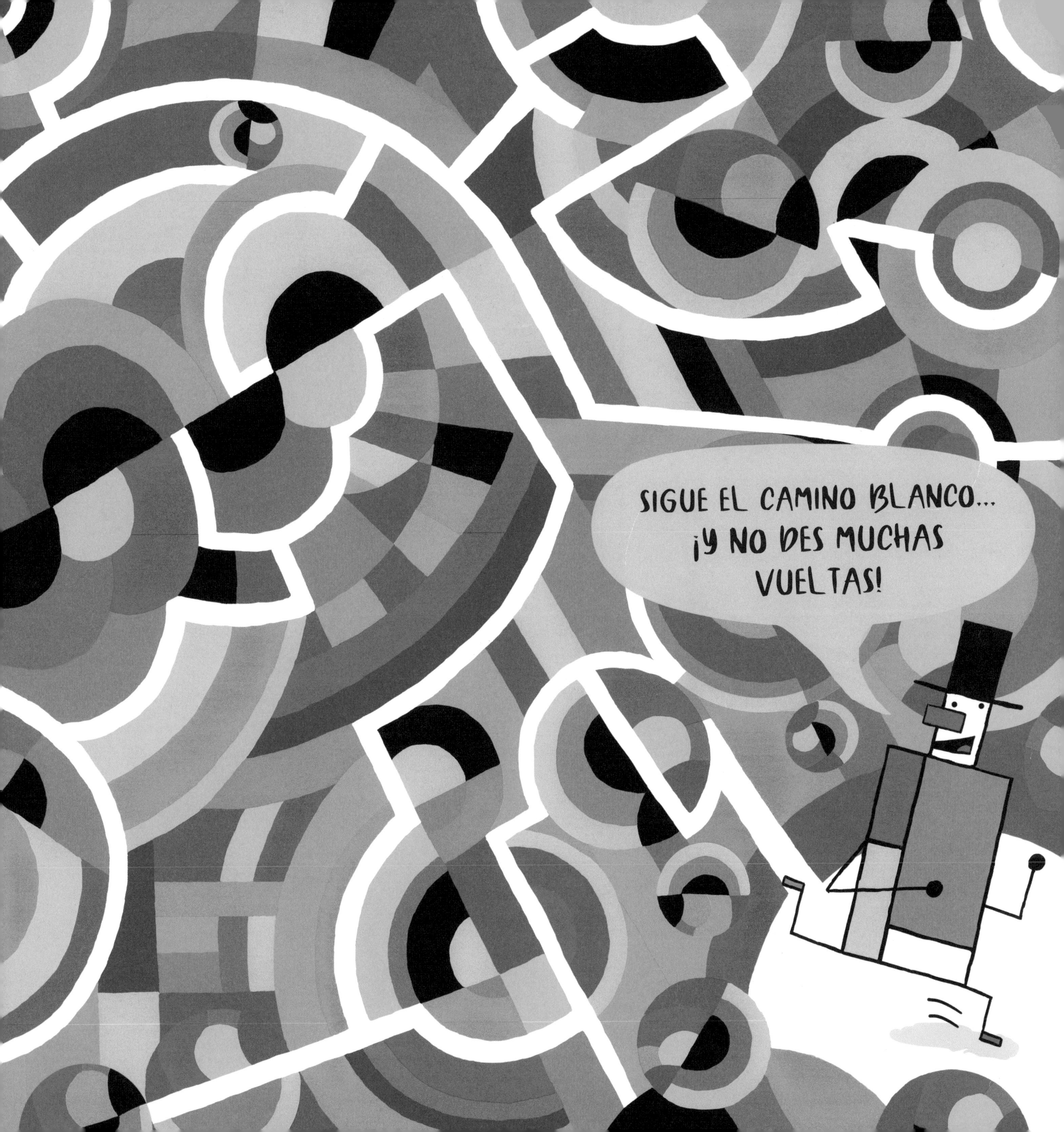
SIGUE EL CAMINO BLANCO... ¡Y NO DES MUCHAS VUELTAS!

# ~ARTE POP~

Los artistas pop recrean imágenes muy conocidas de la **vida cotidiana,** de los **cómics,** del **cine** y de la **publicidad.**

## Andy WARHOL

pintaba retratos de gente famosa y los repetía varias veces cambiando los colores. También tiene cuadros con el ratón Mickey, con latas de sopa o botellas de refrescos.

## Roy LICHTENSTEIN

tomaba viñetas de tebeos y las copiaba a gran tamaño. En sus cuadros ponía también onomatopeyas típicas de los cómics: ¡Boom! ¡Pop! ¡Crack!

## David HOCKNEY

pinta escenas con gente nadando o saltando a una piscina, retratos de sus amigos y paisajes con mucho colorido.

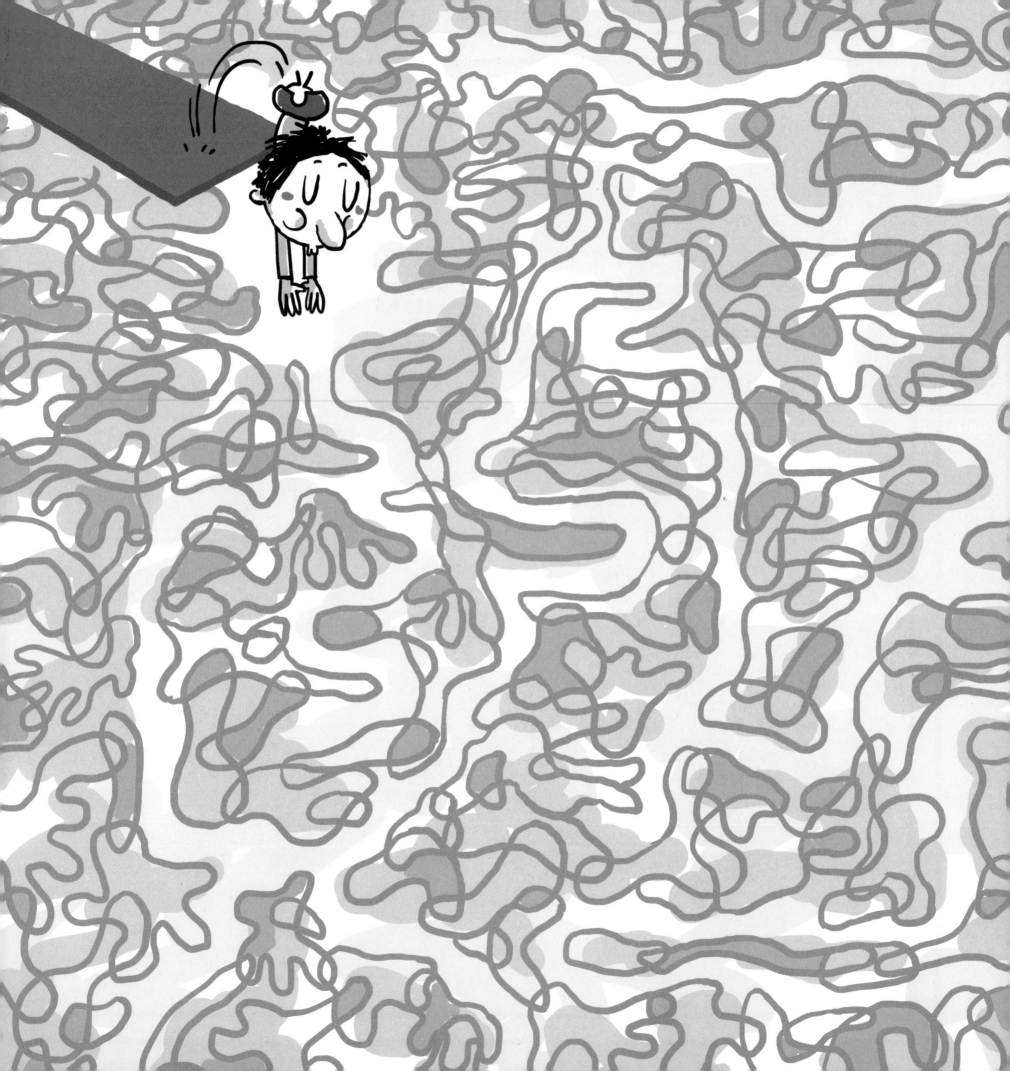